Ein Aufruf zum Schutz unseres Planeten

"Weltumwelttag"

(05. Juni 2023)

Von: Shehzad Arfan

Inhaltsverzeichnis

Kapitel 1 5

Die Geschichte des Weltumwelttages am 5. Juni 5

Kapitel 2 9

Unser Planet, unser Zuhause: Die Bedeutung des Weltumwelttags 2023 9

Kapitel 3 12

Maßnahmen für eine nachhaltige Zukunft ergreifen: Wir feiern den Weltumwelttag 2023 12

Kapitel 4 15

Biodiversität und Wiederherstellung von Ökosystemen: Der Schwerpunkt des Weltumwelttags 2023 15

Kapitel 5 19

Vom Bewusstsein zum Handeln: Mobilisierung für den Weltumwelttag 2023 19

Kapitel 6 22

Städte und Gemeinden begrünen: Lokale Lösungen für globale Probleme am Weltumwelttag 2023 22

Kapitel 7 25

Wirtschaft und Umwelt: Eine nachhaltigere Zukunft schaffen am Weltumwelttag 2023 25

Kapitel 8 28

Jugendengagement für eine grünere Zukunft: Inspirierende Veränderungen am Weltumwelttag 2023 28

Kapitel 9 31

Innovationen für Nachhaltigkeit: Lösungen zum Weltumwelttag 2023 31

Kapitel 10 34

Aufbau eines widerstandsfähigen Planeten: Vorbereitung auf die Zukunft am Weltumwelttag 2023 34

Kapitel 11 38

Auf dem Weg zu einer Netto-Null-Zukunft: Beschleunigung der Klimaschutzmaßnahmen am Weltumwelttag 2023 38

Nachrichten 41

Liebe Jugendliche, ... 41

Kapitel 1

Die Geschichte des Weltumwelttags am 5. Juni

Der Weltumwelttag (WED) wird jährlich am 5. Juni gefeiert und ist eines der bedeutendsten Ereignisse im internationalen Umweltkalender. Dieser Tag wird seit 1974 begangen und wird weltweit durch verschiedene Aktivitäten und Veranstaltungen gefeiert, um das Bewusstsein und die Maßnahmen zum Schutz der Umwelt zu fördern.

Die Idee des Weltumwelttags wurde auf der Konferenz der Vereinten Nationen über die menschliche Umwelt im Jahr 1972 in Stockholm, Schweden, vorgeschlagen. Während dieser Konferenz erkannten Delegierte aus der ganzen Welt die dringende Notwendigkeit globaler Maßnahmen zur Bewältigung von Umweltproblemen, einschließlich Umweltverschmutzung, Abholzung und Zerstörung von Lebensräumen.

Auf Empfehlung der Konferenz rief die Generalversammlung der Vereinten Nationen 1972 den Weltumwelttag ins Leben, und die erste Feier fand zwei Jahre später, 1974, statt. Das Thema des ersten Weltumwelttags lautete „Nur eine Erde" und betonte die Bedeutung von Schonung der begrenzten Ressourcen des Planeten.

Seitdem wird WED jedes Jahr am 5. Juni mit einem anderen Motto gefeiert. Jedes Thema zielt darauf ab, die Aufmerksamkeit auf ein bestimmtes Umweltproblem zu lenken und Einzelpersonen, Organisationen und Regierungen zu ermutigen, Maßnahmen zu ergreifen, um dieses Problem anzugehen.

Im Jahr 1987 lautete das Thema von WED „Umwelt und Schutz: Mehr als ein Dach" und betonte die Bedeutung angemessenen Wohnraums und die Rolle der Umwelt bei der Bereitstellung dieses Wohnraums. Im folgenden Jahr, 1988, lautete das Thema „Wenn die Menschen die Umwelt an die erste Stelle setzen, wird die Entwicklung von Dauer sein" und betonte die Bedeutung einer nachhaltigen Entwicklung.

Im Jahr 1990 markierte WED den Beginn des Erdgipfels in Rio de Janeiro, Brasilien, der zur Annahme des Rahmenübereinkommens der Vereinten Nationen über Klimaänderungen und des Übereinkommens über die biologische Vielfalt führte. Das Thema des Jahres lautete „Kinder und die Umwelt" und konzentrierte sich auf die Bedeutung der Aufklärung junger Menschen über Umweltthemen.

Im Jahr 2002 lautete das Thema von WED „Gib der Erde eine Chance" und betonte die Notwendigkeit der Erhaltung und nachhaltigen Nutzung der Ressourcen des Planeten. Im folgenden Jahr, 2003, lautete das Thema „Wasser: Zwei Milliarden Menschen sterben dafür!" macht auf die dringende Notwendigkeit aufmerksam, die globale Wasserkrise anzugehen.

In den letzten Jahren konzentrierten sich die Themen von WED auf Themen wie Luftverschmutzung, Plastikverschmutzung und Verlust der biologischen Vielfalt. Das Thema für 2018 lautete beispielsweise „Besiegen Sie die Plastikverschmutzung" und ermutigte Einzelpersonen und Regierungen, Maßnahmen zur Reduzierung von Plastikmüll zu ergreifen, während das Thema für 2021 „Ökosystem-Wiederherstellung" lautete und die Notwendigkeit hervorhob, geschädigte Ökosysteme wiederherzustellen und die Artenvielfalt zu schützen.

Zusammenfassend lässt sich sagen, dass der Weltumwelttag seit 1974 jährlich am 5. Juni gefeiert wird, mit dem Ziel, das Bewusstsein und die Maßnahmen zum Schutz der Umwelt zu fördern. Jedes Jahr wird ein anderes Thema ausgewählt, um die Aufmerksamkeit auf ein bestimmtes Umweltproblem zu lenken und Einzelpersonen, Organisationen und Regierungen zu ermutigen, Maßnahmen zu ergreifen, um dieses Problem anzugehen. WED dient als Erinnerung daran, dass Umweltprobleme global sind und gemeinsames Handeln erfordern.

Kapitel 2

Unser Planet, unser Zuhause: Die Bedeutung des Weltumwelttags 2023

Die Erde ist unser Zuhause und es liegt an uns allen, sie zu schützen. Der Weltumwelttag, der jährlich am 5. Juni gefeiert wird, ist ein wichtiger Tag, um das Bewusstsein für Umweltthemen zu schärfen und Maßnahmen zum Schutz unseres Planeten zu fördern.

Das Thema des Weltumwelttags 2023 lautet „Wiederherstellung von Ökosystemen" und unterstreicht die dringende Notwendigkeit, beschädigte Ökosysteme zu reparieren und wiederherzustellen. Dieses Thema unterstreicht die Tatsache, dass die Gesundheit unseres Planeten eng mit der Gesundheit seiner Ökosysteme verbunden ist und dass wir Maßnahmen ergreifen müssen, um sie zu schützen und wiederherzustellen.

Ökosysteme versorgen uns mit lebenswichtigen Dienstleistungen wie sauberer Luft und sauberem Wasser, Nahrungsmitteln und Rohstoffen für die

Industrie. Sie spielen auch eine entscheidende Rolle bei der Regulierung des Erdklimas, indem sie Kohlendioxid und andere Treibhausgase aus der Atmosphäre absorbieren. Allerdings sind Ökosysteme durch eine Reihe menschlicher Aktivitäten wie Abholzung, Umweltverschmutzung und Klimawandel bedroht.

Der Weltumwelttag 2023 bietet die Gelegenheit, über die Bedeutung unseres Planeten und die Rolle, die wir alle bei seinem Schutz spielen, nachzudenken. Wir müssen erkennen, dass unser Handeln Konsequenzen hat und dass wir die Verantwortung haben, so zu handeln, dass Schäden für die Umwelt minimiert werden.

Eine der wichtigsten Möglichkeiten, die Umwelt zu schützen, ist die Reduzierung unseres CO_2-Fußabdrucks. Kohlendioxidemissionen tragen wesentlich zum Klimawandel bei, einem der dringendsten Umweltprobleme, mit denen die Welt heute konfrontiert ist. Wir können unseren CO_2-Fußabdruck reduzieren, indem wir energieeffiziente

Geräte verwenden, weniger Auto fahren und uns stärker pflanzlich ernähren.

Eine weitere wichtige Möglichkeit, die Umwelt zu schützen, ist die Reduzierung von Abfall. Dazu gehört die Reduzierung des Einsatzes von Einwegkunststoffen, Recycling und Kompostierung. Durch die Reduzierung von Abfällen können wir die Menge an Materialien reduzieren, die auf Mülldeponien landen, was zu Umweltverschmutzung und Treibhausgasemissionen beitragen kann.

Schließlich müssen wir erkennen, dass Umweltprobleme komplex und vielschichtig sind. Sie benötigen Lösungen, die ganzheitlich, integriert und kollaborativ sind. Das bedeutet, dass Einzelpersonen, Gemeinden, Regierungen und Unternehmen alle zusammenarbeiten müssen, um Umweltprobleme anzugehen.

Zusammenfassend lässt sich sagen, dass unser Planet unser Zuhause ist und es an uns allen liegt, ihn zu schützen. Der Weltumwelttag 2023 ist eine wichtige Gelegenheit, über die Bedeutung unseres Planeten und die Rolle, die wir alle bei seinem Schutz spielen, nachzudenken. Indem wir Maßnahmen ergreifen, um unseren CO_2-Fußabdruck zu reduzieren, Abfall zu reduzieren und zusammenzuarbeiten, können wir sicherstellen, dass unser Planet auch für kommende Generationen ein gesundes und lebendiges Zuhause bleibt.

Kapitel 3

Maßnahmen für eine nachhaltige Zukunft ergreifen: Wir feiern den Weltumwelttag 2023

Der Weltumwelttag 2023 ist eine Zeit, um unseren Planeten zu feiern und Maßnahmen für eine nachhaltige Zukunft zu ergreifen. Das Thema der diesjährigen Feier lautet „Wiederherstellung von Ökosystemen" und unterstreicht die Bedeutung der Reparatur und Wiederherstellung beschädigter Ökosysteme.

Nachhaltigkeit ist der Schlüssel zu einer besseren Zukunft für alle. Es erfordert von uns, im Einklang mit unserem Planeten zu leben und die Bedürfnisse der Gegenwart zu befriedigen, ohne die Fähigkeit künftiger Generationen zu gefährden, ihre eigenen Bedürfnisse zu befriedigen. Dies bedeutet einen ganzheitlichen Ansatz, der soziale, wirtschaftliche und ökologische Faktoren berücksichtigt.

Maßnahmen für eine nachhaltige Zukunft erfordern Veränderungen auf allen Ebenen, von Einzelmaßnahmen bis hin zu globalen politischen Entscheidungen. Zu den Maßnahmen, die Einzelpersonen ergreifen können, gehören die Reduzierung des Energieverbrauchs, die Nutzung öffentlicher Verkehrsmittel und die Unterstützung lokaler Unternehmen. Regierungen können Maßnahmen ergreifen, indem sie Maßnahmen zur Förderung der Nachhaltigkeit umsetzen, beispielsweise durch die Förderung erneuerbarer Energien und die Reduzierung von Treibhausgasemissionen.

Auch Unternehmen spielen eine Rolle bei der Erreichung einer nachhaltigen Zukunft. Dies können sie erreichen, indem sie in ihren Betrieben nachhaltige Praktiken anwenden, wie etwa die Reduzierung von Abfällen und die Verwendung nachhaltiger Materialien. Sie können auch in erneuerbare Energien investieren und nachhaltige Lieferketten unterstützen.

Eine wichtige Möglichkeit, Maßnahmen für eine nachhaltige Zukunft zu ergreifen, ist die Förderung der Umwelterziehung. Indem wir Menschen über Umweltthemen aufklären, können wir das Bewusstsein schärfen und zum Handeln anregen. Dies kann durch Schulen, Gemeinschaftsprogramme und Medienkampagnen erfolgen.

Wir können nicht nur Maßnahmen auf individueller, staatlicher und geschäftlicher Ebene ergreifen, sondern auch gemeinsam an einer nachhaltigen Zukunft arbeiten. Das bedeutet , über Sektoren und Grenzen hinweg zusammenzuarbeiten, um Wissen und Ressourcen zu teilen und auf gemeinsame Ziele hinzuarbeiten.

Zusammenfassend lässt sich sagen, dass der Weltumwelttag 2023 eine Zeit ist, unseren Planeten zu feiern und Maßnahmen für eine nachhaltige Zukunft zu ergreifen. Indem wir einen ganzheitlichen Ansatz verfolgen, der soziale, wirtschaftliche und ökologische Faktoren berücksichtigt, und Maßnahmen auf allen Ebenen ergreifen, von Einzelmaßnahmen bis hin zu globalen politischen Entscheidungen, können wir auf eine bessere Zukunft für alle hinarbeiten. Durch die Förderung der Umweltbildung und die Zusammenarbeit über Sektoren und Grenzen hinweg können wir sicherstellen, dass unser Handeln nachhaltig ist und eine nachhaltige Wirkung hat.

Kapitel 4

Biodiversität und Wiederherstellung von Ökosystemen: Der Schwerpunkt des Weltumwelttags 2023

Biodiversität ist die Grundlage gesunder Ökosysteme, und gesunde Ökosysteme sind für das Überleben aller Arten, einschließlich des Menschen, unerlässlich. Leider bedrohen menschliche Aktivitäten wie Abholzung, Umweltverschmutzung und Klimawandel die Artenvielfalt und die

Ökosysteme, die sie unterstützen. Der Weltumwelttag 2023 konzentriert sich auf die Bedeutung der Wiederherstellung von Ökosystemen und die Rolle, die die biologische Vielfalt dabei spielt.

Unter Biodiversität versteht man die Vielfalt des Lebens auf der Erde, einschließlich der Vielfalt an Arten, Genen und Ökosystemen. Ökosysteme sind die komplexen Wechselwirkungen zwischen lebenden Organismen und ihrer Umwelt, einschließlich ihrer physischen Umgebung wie Boden, Wasser und Luft. Gesunde Ökosysteme sind für das menschliche Wohlergehen von entscheidender Bedeutung und bieten Dienstleistungen wie Nahrung, sauberes Wasser und Medizin.

Bei der Wiederherstellung von Ökosystemen geht es um die Reparatur und Wiederherstellung geschädigter Ökosysteme. Dazu können Aktivitäten wie Wiederaufforstung, Wiederherstellung von Feuchtgebieten und Wiederherstellung von Korallenriffen gehören. Durch die

Wiederherstellung von Ökosystemen können wir dazu beitragen, die negativen Auswirkungen menschlicher Aktivitäten umzukehren und die Artenvielfalt zu fördern.

Biodiversität und Wiederherstellung von Ökosystemen sind eng miteinander verbunden, da gesunde Ökosysteme für das Überleben einer Vielzahl von Arten notwendig sind. Der Verlust der biologischen Vielfalt und die Verschlechterung der Ökosysteme vollziehen sich jedoch in besorgniserregendem Tempo. Schätzungen zufolge sind bis zu einer Million Arten vom Aussterben bedroht, was größtenteils auf menschliche Aktivitäten zurückzuführen ist.

Die Wiederherstellung von Ökosystemen kann zur Förderung der Artenvielfalt beitragen, indem sie Lebensraum für eine Reihe von Arten bietet. Dies wiederum kann dazu beitragen, Ökosysteme zu stabilisieren und sie widerstandsfähiger gegen den Klimawandel und andere Umweltstressoren zu machen. Die Wiederherstellung von Ökosystemen kann auch dazu beitragen,

Ökosystemdienstleistungen wie Kohlenstoffbindung und Wasserreinigung bereitzustellen.

Der Weltumwelttag 2023 bietet die Gelegenheit, über die Bedeutung der Artenvielfalt und der Wiederherstellung von Ökosystemen nachzudenken und Maßnahmen zu deren Schutz zu ergreifen. Dies kann individuelle Maßnahmen wie die Reduzierung von Abfällen und die Unterstützung einer nachhaltigen Landwirtschaft umfassen, aber auch kollektive Maßnahmen wie die Unterstützung von Naturschutzbemühungen und das Eintreten für politische Veränderungen.

Zusammenfassend lässt sich sagen, dass die biologische Vielfalt und die Wiederherstellung des Ökosystems für das Überleben aller Arten, einschließlich des Menschen, von entscheidender Bedeutung sind. Der Weltumwelttag 2023 konzentriert sich auf die Bedeutung der Wiederherstellung geschädigter Ökosysteme und der Förderung der Artenvielfalt. Indem wir Maßnahmen zum Schutz und zur Wiederherstellung von

Ökosystemen ergreifen, können wir dazu beitragen, eine nachhaltige Zukunft für alle zu gewährleisten.

Kapitel 5

Vom Bewusstsein zum Handeln: Mobilisierung für den Weltumwelttag 2023

Bewusstsein ist der erste Schritt, um Maßnahmen für die Umwelt zu ergreifen, aber es allein reicht nicht aus. Der Weltumwelttag 2023 ist eine Zeit, um Einzelpersonen, Gemeinschaften und Organisationen zu mobilisieren, Maßnahmen für eine nachhaltige Zukunft zu ergreifen. Dabei geht es darum, über die Sensibilisierung hinauszugehen und zum Handeln zu mobilisieren.

Um zum Handeln zu mobilisieren, muss die Denkweise vom passiven Bewusstsein zum aktiven Engagement geändert werden. Das bedeutet, Verantwortung für unser Handeln zu übernehmen und die Auswirkungen zu erkennen, die es auf die Umwelt hat. Es bedeutet auch zu erkennen, dass wir die Macht haben, etwas zu bewirken, und entsprechende Maßnahmen zu ergreifen.

Eine wichtige Möglichkeit, für den Weltumwelttag 2023 zu mobilisieren, sind gemeinschaftliche Aktionen. Dies kann die Organisation von Veranstaltungen wie Aufräumen, Unternehmen Nachhaltigkeitsinitiativen und Bildungsworkshops umfassen. Durch die Zusammenarbeit als Gemeinschaft können wir eine größere Wirkung erzielen und andere zum Handeln inspirieren.

Eine weitere Möglichkeit, zum Handeln zu mobilisieren, ist eine Änderung der Politik. Regierungen können eine Schlüsselrolle bei der Förderung der Nachhaltigkeit spielen, indem sie Maßnahmen umsetzen, die erneuerbare Energien fördern, Treibhausgasemissionen reduzieren und natürliche Ressourcen schützen. Indem sie sich für eine Änderung der Politik einsetzen, können Einzelpersonen und Organisationen dazu beitragen, eine nachhaltigere Zukunft für alle zu schaffen.

Auch Unternehmen müssen eine Rolle bei der Mobilisierung für den Weltumwelttag 2023 spielen. Sie können dies tun, indem sie in ihren Betrieben nachhaltige Praktiken einführen, wie etwa die

Reduzierung von Abfall und die Verwendung nachhaltiger Materialien. Sie können auch in erneuerbare Energien investieren und nachhaltige Lieferketten unterstützen. Auf diese Weise können Unternehmen dazu beitragen, den Übergang zu einer nachhaltigeren Wirtschaft voranzutreiben.

Schließlich erfordert die Mobilisierung zum Handeln ein anhaltendes Engagement für Nachhaltigkeit über den Weltumwelttag 2023 hinaus. Das bedeutet, nachhaltige Entscheidungen in unserem täglichen Leben zu treffen, sich für politische Änderungen einzusetzen und Unternehmen zu unterstützen, die Nachhaltigkeit priorisieren.

Zusammenfassend lässt sich sagen, dass der Weltumwelttag 2023 eine Zeit ist, in der man über die Sensibilisierung hinausgehen und zum Handeln mobilisieren kann. Indem wir Verantwortung für unser Handeln übernehmen, als Gemeinschaft zusammenarbeiten, uns für politische Veränderungen einsetzen und der Nachhaltigkeit in unserem täglichen Leben Priorität einräumen, können wir eine nachhaltigere Zukunft für alle schaffen. Es liegt an jedem einzelnen von uns, etwas zu bewirken und Maßnahmen für eine nachhaltigere Zukunft zu ergreifen.

Kapitel 6

Städte und Gemeinden begrünen: Lokale Lösungen für globale Probleme am Weltumwelttag 2023

Städte stehen an vorderster Front bei Umweltherausforderungen wie Luftverschmutzung, Abfallwirtschaft und Klimawandel. Sie sind jedoch auch der Schlüssel zur Lösung dieser Probleme. Der Weltumwelttag 2023 konzentriert sich auf die Ökologisierung von Städten und Gemeinden und unterstreicht die wichtige Rolle, die lokale Lösungen bei der Bewältigung globaler Umweltherausforderungen spielen können.

Zur Ökologisierung von Städten und Gemeinden gehört die Umsetzung nachhaltiger Praktiken wie grüne Infrastruktur, erneuerbare Energien und nachhaltiger Transport. Diese Praktiken können dazu beitragen, den CO2-Ausstoß zu reduzieren, die Luft-

und Wasserqualität zu verbessern und eine gesündere und lebenswertere Umwelt für die Bewohner zu schaffen.

Ein Beispiel für die Begrünung von Städten ist die Implementierung grüner Infrastruktur wie Parks, Gründächer und Stadtwälder. Diese Grünflächen können dazu beitragen, die Auswirkungen des Klimawandels abzumildern, indem sie den städtischen Wärmeinseleffekt reduzieren und Kohlendioxid aus der Atmosphäre absorbieren. Sie bieten außerdem einen wichtigen Lebensraum für die Artenvielfalt und fördern die körperliche und geistige Gesundheit der Bewohner.

Ein weiteres Beispiel für die Ökologisierung von Städten ist die Nutzung erneuerbarer Energien wie Solar-und Windkraft. Durch die Umstellung auf erneuerbare Energien können Städte ihren CO2-Fußabdruck verringern und ein nachhaltigeres Energiesystem fördern. Dadurch können auch Arbeitsplätze geschaffen und das Wirtschaftswachstum angekurbelt werden.

Nachhaltiger Transport ist ein weiterer wichtiger Aspekt der Ökologisierung von Städten und Gemeinden. Dies kann die Förderung des Gehens und Radfahrens, die Verbesserung des öffentlichen Nahverkehrs und die Förderung der Nutzung von Elektrofahrzeugen umfassen. Durch die Reduzierung des Einsatzes fossiler Brennstoffe im Transportwesen können Städte die Luftverschmutzung verringern und die öffentliche Gesundheit verbessern.

Die Ökologisierung von Städten und Gemeinden erfordert eine gemeinsame Anstrengung zwischen lokalen Regierungen, Unternehmen und Bewohnern. Durch die Zusammenarbeit können Städte eine nachhaltigere und lebenswertere Umwelt für alle schaffen. Dies kann auch als Vorbild für andere Städte auf der ganzen Welt dienen.

Abschließend konzentriert sich der Weltumwelttag 2023 auf die Bedeutung der Ökologisierung von Städten und Gemeinden. Durch die Umsetzung nachhaltiger Praktiken wie grüner Infrastruktur, erneuerbarer Energie und nachhaltigem Transport können Städte globale Umweltherausforderungen wie den Klimawandel bewältigen und die Lebensqualität ihrer Bewohner verbessern. Es liegt an uns allen, Maßnahmen für eine nachhaltigere Zukunft unserer Städte und Gemeinden zu ergreifen.

Kapitel 7

Wirtschaft und Umwelt: Eine nachhaltigere Zukunft schaffen am Weltumwelttag 2023

Unternehmen haben erhebliche Auswirkungen auf die Umwelt, von ihren Lieferketten bis hin zu ihren Betrieben und Produkten. Sie haben jedoch auch das Potenzial, eine entscheidende Rolle bei der Schaffung einer nachhaltigeren Zukunft zu spielen . Der Weltumwelttag 2023 unterstreicht die Bedeutung von Unternehmen bei der Bewältigung von Umweltherausforderungen und der Förderung von Nachhaltigkeit.

Eine wichtige Möglichkeit für Unternehmen, zur Nachhaltigkeit beizutragen, ist die Einführung nachhaltiger Praktiken in ihren Betrieben. Dies kann die Reduzierung von Abfall, die Nutzung erneuerbarer Energien und die Förderung einer nachhaltigen Materialbeschaffung umfassen. Durch die Einführung nachhaltiger Praktiken können Unternehmen ihre Auswirkungen auf die Umwelt verringern und eine nachhaltigere Wirtschaft fördern.

Eine weitere Möglichkeit für Unternehmen, zur Nachhaltigkeit beizutragen, ist die Entwicklung nachhaltiger Produkte und Dienstleistungen. Dies kann die Verwendung umweltfreundlicher Materialien, die Förderung von Praktiken der Kreislaufwirtschaft und die Entwicklung von Produkten mit einer längeren Lebensdauer umfassen. Durch die Entwicklung nachhaltiger Produkte und Dienstleistungen können Unternehmen dazu beitragen, das Verbraucherverhalten hin zu nachhaltigeren Entscheidungen zu verändern.

Unternehmen können auch durch Soziale Verantwortung des Unternehmens (CSR)-Initiativen zur Nachhaltigkeit beitragen. Dies kann die Unterstützung von Gemeinschaftsprojekten wie Baumpflanzinitiativen, die Förderung von

Umweltbildungsprogrammen und die Unterstützung von Naturschutzbemühungen umfassen. Durch die Teilnahme an CSR-Initiativen können Unternehmen ihr Engagement für Nachhaltigkeit unter Beweis stellen und zu positiven sozialen und ökologischen Auswirkungen beitragen.

Schließlich können Unternehmen durch Zusammenarbeit und Innovation zur Nachhaltigkeit beitragen. Durch die Zusammenarbeit mit anderen Unternehmen, Regierungen und der Zivilgesellschaft können Unternehmen innovative Lösungen für Umweltherausforderungen entwickeln. Dies kann den Austausch bewährter Verfahren, Investitionen in Forschung und Entwicklung und die Zusammenarbeit bei Nachhaltigkeitsinitiativen umfassen.

Zusammenfassend lässt sich sagen, dass Unternehmen eine entscheidende Rolle bei der Schaffung einer nachhaltigeren Zukunft spielen müssen. Durch die Einführung nachhaltiger Praktiken in ihren Betrieben, die Entwicklung nachhaltiger Produkte und Dienstleistungen, die

Beteiligung an CSR-Initiativen und die Zusammenarbeit mit anderen können Unternehmen dazu beitragen, Umweltherausforderungen anzugehen und Nachhaltigkeit zu fördern. Der Weltumwelttag 2023 ist eine Erinnerung an die wichtige Rolle, die Unternehmen bei der Schaffung einer nachhaltigeren Zukunft spielen, und eine Gelegenheit für Unternehmen, Maßnahmen für eine nachhaltigere Wirtschaft zu ergreifen.

Kapitel 8

Jugendengagement für eine grünere Zukunft: Inspirierende Veränderungen am Weltumwelttag 2023

Junge Menschen sind die zukünftigen Führer und Bewahrer des Planeten. Daher spielen sie eine wichtige Rolle bei der Gestaltung einer grüneren und nachhaltigeren Zukunft. Der Weltumwelttag 2023 konzentriert sich auf das Engagement junger Menschen und darauf, wie wichtig es ist, die nächste Generation von Umweltführern zu Veränderungen anzuregen.

Das Engagement der Jugend kann viele Formen annehmen, von Umwelterziehung und Sensibilisierung bis hin zu von Jugendlichen geleiteten Initiativen und Interessenvertretung. Indem wir junge Menschen in Umweltthemen einbeziehen, können wir sie dazu befähigen, aktiv zu werden und einen positiven Einfluss auf den Planeten zu nehmen.

Eine wichtige Möglichkeit, junge Menschen für Umweltthemen zu begeistern, ist Bildung. Dies kann die Einbeziehung von Umweltthemen in die Lehrpläne der Schulen, die Bereitstellung von Möglichkeiten für Outdoor-Bildung und Erfahrungslernen sowie die Förderung von Umweltbildungsprogrammen durch Jugendorganisationen umfassen. Indem wir jungen Menschen das Wissen und die Fähigkeiten vermitteln, um Umweltprobleme zu verstehen, können wir sie dazu inspirieren, Maßnahmen zu ergreifen und in ihren Gemeinden zu Vorreitern im Umweltbereich zu werden.

Von Jugendlichen geleitete Initiativen und Interessenvertretung sind eine weitere wichtige Möglichkeit, junge Menschen für Umweltthemen zu gewinnen. Dies kann von Jugendlichen geleitete Kampagnen zur Förderung nachhaltiger Praktiken umfassen, wie etwa die Reduzierung von Plastikmüll oder die Förderung eines nachhaltigen Transports. Jugendliche können auch in die Interessenvertretung einbezogen werden, um Umweltpolitik zu fördern und politische Entscheidungsträger und die breite Öffentlichkeit für Umweltthemen zu sensibilisieren.

Um die Jugend in Umweltfragen einzubeziehen, müssen schließlich Räume geschaffen werden, in denen Jugendliche ihre Meinungen und Ideen äußern können. Dies kann die Schaffung von von Jugendlichen geführten Organisationen und Foren, die Bereitstellung von Möglichkeiten für Jugendliche zur Beteiligung an Entscheidungsprozessen und die Schaffung sicherer und integrativer Räume für Jugendliche zur Beteiligung an Umweltdiskussionen umfassen.

Zusammenfassend lässt sich sagen, dass das Engagement der Jugend entscheidend für die Schaffung einer grüneren und nachhaltigeren Zukunft ist. Indem wir jungen Menschen das Wissen, die Fähigkeiten und die Möglichkeiten vermitteln, sich für Umweltthemen zu engagieren, können wir sie dazu inspirieren, Maßnahmen zu ergreifen und in ihren Gemeinden zu Vorreitern im Umweltbereich zu werden. Der Weltumwelttag 2023 unterstreicht die Bedeutung des Engagements junger Menschen in Umweltfragen und bietet jungen Menschen die Möglichkeit, einen positiven Einfluss auf den Planeten zu nehmen.

Kapitel 9

Innovationen für Nachhaltigkeit: Lösungen zum Weltumwelttag 2023 präsentieren

Innovation ist für die Erreichung von Nachhaltigkeit von entscheidender Bedeutung, da sie es uns ermöglicht, neue Lösungen für Umweltherausforderungen zu entwickeln und eine nachhaltigere Zukunft zu fördern. Der Weltumwelttag 2023 unterstreicht die Bedeutung von Innovationen für die Nachhaltigkeit und stellt die neuesten Innovationen in den Bereichen Umwelttechnologie, Design und Politik vor.

Innovationen für Nachhaltigkeit können viele Formen annehmen, von neuen Technologien und Materialien bis hin zu innovativen Richtlinien und Geschäftsmodellen. Durch die Präsentation dieser Innovationen können wir andere dazu inspirieren, nachhaltigere Praktiken einzuführen und den Fortschritt in Richtung einer nachhaltigeren Zukunft zu beschleunigen.

Ein wichtiger Innovationsbereich für Nachhaltigkeit sind erneuerbare Energietechnologien. Dies kann die Entwicklung neuer und effizienterer Solar-und Windkraft Wasserkrafttechnologien sowie Energiespeicherlösungen umfassen. Durch die Förderung der Nutzung erneuerbarer Energien können wir die Treibhausgasemissionen reduzieren und ein nachhaltigeres Energiesystem fördern.

Ein weiterer Innovationsbereich für Nachhaltigkeit sind nachhaltige Materialien und

Herstellungsprozesse. Dabei kann es sich um die Entwicklung neuer, umweltfreundlicherer Materialien wie Biokunststoffe oder recycelte Materialien handeln. Dazu kann auch die Entwicklung nachhaltigerer Herstellungsprozesse wie 3D-Druck oder Kreislaufwirtschaftspraktiken gehören. Durch den Einsatz nachhaltiger Materialien und Herstellungsverfahren können wir Abfall reduzieren und eine nachhaltigere Wirtschaft fördern.

Auch innovative Richtlinien und Geschäftsmodelle sind für die Erreichung von Nachhaltigkeit von entscheidender Bedeutung. Dies kann die Entwicklung neuer Vorschriften und Anreize zur Förderung der Nachhaltigkeit umfassen, beispielsweise eine CO2-Bepreisung oder eine nachhaltige Beschaffungspolitik. Dabei kann es sich auch um die Entwicklung neuer Geschäftsmodelle handeln, die Nachhaltigkeit in den Vordergrund stellen, etwa Sharing-Economy-Plattformen oder Geschäftsmodelle der Kreislaufwirtschaft. Durch die Förderung innovativer Richtlinien und

Geschäftsmodelle können wir eine nachhaltigere Wirtschaft schaffen und positive Auswirkungen auf die Umwelt und die Gesellschaft fördern.

Zusammenfassend lässt sich sagen, dass Innovation von entscheidender Bedeutung für die Erreichung von Nachhaltigkeit und die Förderung einer nachhaltigeren Zukunft ist. Der Weltumwelttag 2023 präsentiert die neuesten Innovationen in Umwelttechnologie, -design und -politik und unterstreicht die Bedeutung von Innovationen für die Nachhaltigkeit. Indem wir diese Lösungen präsentieren und andere dazu inspirieren, nachhaltigere Praktiken anzuwenden, können wir den Fortschritt in Richtung einer nachhaltigeren Zukunft beschleunigen.

Kapitel 10

Aufbau eines widerstandsfähigen Planeten: Vorbereitung auf die Zukunft am Weltumwelttag 2023

Da die Auswirkungen des Klimawandels immer schwerwiegender werden, ist es wichtiger denn je, einen widerstandsfähigen Planeten aufzubauen, der diesen Veränderungen standhalten und sich an sie anpassen kann. Der Weltumwelttag 2023 konzentriert sich auf die Bedeutung des Aufbaus von Widerstandsfähigkeit und der Vorbereitung auf die Zukunft, um den Planeten und die Menschen, die von ihm abhängig sind, zu schützen.

Der Aufbau eines widerstandsfähigen Planeten erfordert eine breite Palette von Strategien und Ansätzen, von der Verbesserung der Infrastruktur und der Katastrophenvorsorge bis hin zur Förderung des Schutzes der biologischen Vielfalt und einer nachhaltigen Landnutzung. Durch die Umsetzung dieser Strategien können wir die Auswirkungen des Klimawandels verringern und den Planeten und seine Bewohner schützen.

Eine wichtige Strategie zum Aufbau eines widerstandsfähigen Planeten ist die Verbesserung der Infrastruktur und der Katastrophenvorsorge. Dies kann Investitionen in eine Infrastruktur beinhalten, die den Auswirkungen des Klimawandels wie dem Anstieg des Meeresspiegels und extremen

Wetterereignissen standhalten soll. Dazu kann auch die Entwicklung von Katastrophenvorsorgeplänen und Reaktionsmechanismen gehören, um sicherzustellen, dass Gemeinden auf Katastrophen vorbereitet und in der Lage sind, darauf zu reagieren.

Eine weitere Strategie zum Aufbau eines widerstandsfähigen Planeten besteht darin, den Schutz der biologischen Vielfalt und eine nachhaltige Landnutzung zu fördern. Dies kann den Schutz und die Wiederherstellung natürlicher Ökosysteme wie Wälder und Feuchtgebiete umfassen, die zur Regulierung des Klimas und zur Bereitstellung wichtiger Ökosystemdienstleistungen beitragen können. Dazu kann auch die Förderung nachhaltiger Landnutzungspraktiken wie Agroforstwirtschaft und regenerative Landwirtschaft gehören, die zur Gesundheit des Bodens und zur Förderung der Artenvielfalt beitragen können.

Schließlich erfordert der Aufbau eines widerstandsfähigen Planeten die Förderung der sozialen und wirtschaftlichen Widerstandsfähigkeit. Dies kann die Förderung eines gleichberechtigten

Zugangs zu Ressourcen und Möglichkeiten sowie die Entwicklung sozialer Sicherheitsnetze und anderer Mechanismen zum Schutz gefährdeter Bevölkerungsgruppen umfassen. Dazu kann auch die Förderung nachhaltiger Wirtschaftspraktiken wie der Kreislaufwirtschaft und grüner Arbeitsplätze gehören, die dazu beitragen können, die wirtschaftliche Widerstandsfähigkeit zu stärken und die Anfälligkeit für den Klimawandel zu verringern.

Zusammenfassend lässt sich sagen, dass der Aufbau eines widerstandsfähigen Planeten von entscheidender Bedeutung für die Vorbereitung auf die Zukunft und den Schutz des Planeten und seiner Bewohner ist. Der Weltumwelttag 2023 konzentriert sich auf die Bedeutung des Aufbaus von Widerstandsfähigkeit und der Förderung von Strategien und Ansätzen, die uns bei der Anpassung an die Auswirkungen des Klimawandels helfen können. Durch die Übernahme dieser Strategien können wir eine widerstandsfähigere und nachhaltigere Zukunft für alle aufbauen.

Kapitel 11

Auf dem Weg zu einer Netto-Null-Zukunft: Beschleunigung der Klimaschutzmaßnahmen am Weltumwelttag 2023

Die Auswirkungen des Klimawandels werden immer gravierender und es sind dringend Maßnahmen zur Bewältigung dieser globalen Krise erforderlich. Der Weltumwelttag 2023 konzentriert sich auf die Beschleunigung des Klimaschutzes und die Arbeit an einer Netto-Null-Zukunft, um die Auswirkungen des Klimawandels abzumildern und den Planeten und seine Bewohner zu schützen.

Eine Netto-Null-Zukunft bedeutet eine Reduzierung der Treibhausgasemissionen bis zu dem Punkt, an dem alle verbleibenden Emissionen durch die Entfernung einer entsprechenden Menge an Treibhausgasen aus der Atmosphäre ausgeglichen werden. Dies erfordert eine deutliche Reduzierung der Treibhausgasemissionen sowie die Umsetzung von Strategien und Ansätzen zur Entfernung von Kohlenstoff aus der Atmosphäre.

Eine wichtige Strategie zur Beschleunigung des Klimaschutzes ist der Übergang zu erneuerbaren Energiequellen. Dazu gehört die Reduzierung des Einsatzes fossiler Brennstoffe und die verstärkte Nutzung erneuerbarer Energiequellen Solar-und Windkraft Wasserkraft. Dazu gehört auch die Förderung von Energieeffizienz und Energieeinsparung, um den Gesamtenergiebedarf zu senken.

Eine weitere Strategie zur Beschleunigung des Klimaschutzes ist die Förderung eines nachhaltigen Transports. Dies kann die Förderung des Einsatzes von Elektrofahrzeugen, die Verbesserung öffentlicher Verkehrssysteme und die Förderung aktiver Fortbewegungsmittel wie Radfahren und Zufußgehen umfassen. Durch die Reduzierung der Emissionen im Transportsektor können wir erhebliche Fortschritte in Richtung einer Netto-Null-Zukunft machen.

Neben der Reduzierung der Emissionen ist es auch wichtig, Kohlenstoff aus der Atmosphäre zu entfernen, um eine Netto-Null-Zukunft zu erreichen.

Dies kann Strategien wie Wiederaufforstung und Aufforstung umfassen, bei denen Bäume gepflanzt und die Waldfläche vergrößert werden, um Kohlenstoff aus der Atmosphäre zu absorbieren. Dazu kann auch die Entwicklung von Technologien zur Kohlenstoffabscheidung und -speicherung gehören, die Kohlendioxid aus industriellen Prozessen einfangen und in unterirdischen geologischen Formationen speichern.

Schließlich erfordert die Beschleunigung des Klimaschutzes eine gemeinsame Anstrengung von Regierungen, Unternehmen und Einzelpersonen. Dies kann die Festlegung ehrgeiziger Ziele und die Umsetzung von Richtlinien zur Emissionsreduzierung sowie die Förderung von Innovation und Technologieentwicklung umfassen, um den Übergang zu einer Netto-Null-Zukunft zu beschleunigen. Dazu gehört auch die Förderung des Bewusstseins und der Aufklärung über die Bedeutung des Klimaschutzes und die Auswirkungen des Klimawandels.

Zusammenfassend lässt sich sagen, dass die Beschleunigung der Klimaschutzmaßnahmen und das Streben nach einer Netto-Null-Zukunft von entscheidender Bedeutung für die Bewältigung der globalen Klimakrise sind. Der Weltumwelttag 2023 konzentriert sich auf die Bedeutung der Beschleunigung des Klimaschutzes und der Förderung von Strategien und Ansätzen, die uns helfen können, eine Netto-Null-Zukunft zu erreichen. Durch die Umsetzung dieser Strategien können wir die Auswirkungen des Klimawandels abmildern und den Planeten und seine Bewohner für kommende Generationen schützen.

Mitteilungen

Liebe Jugendliche,

An diesem Weltumwelttag ermutige ich Sie, Maßnahmen für eine grünere und nachhaltigere Zukunft zu ergreifen. Die Entscheidungen, die Sie heute treffen, können einen erheblichen Einfluss auf die Gesundheit unseres Planeten von morgen haben. Ob es darum geht, Ihren Plastikverbrauch zu reduzieren, Bäume zu pflanzen oder sich für

Umweltrichtlinien einzusetzen, jede Aktion zählt. Ihre Stimmen und Taten können andere dazu inspirieren, sich der Bewegung für einen gesünderen und nachhaltigeren Planeten anzuschließen. Lassen Sie uns also zusammenarbeiten, um einen positiven Unterschied für unseren Planeten und zukünftige Generationen zu bewirken. Alles Gute zum Weltumwelttag!